L'ENVERS DE LA BONTÉ

L'INDULGENCE
LA DÉLICATESSE
LE BIEN TOUT PRÈS DE SOI
SOLLICITEURS ET SOLLICITÉS

L. Barbier Dussy

14 Rue de Beaune

Paris 7e

IMP. DELACHAUX & NIESTLÉ
NEUCHATEL (SUISSE)

L'ENVERS DE LA BONTÉ

DU MÊME AUTEUR

Education et Exécution musicales. Un volume in-12 . 3 50
Paris, Librairie Fischbacher.

La Vie de l'Amitié. (Couronné par l'Académie française.) Paris, Victorion & Cie, 87 Bd. St-Germain. 2 50

PARAITRONT PROCHAINEMENT

Donner et Recevoir.
La Discrétion.
Devoirs envers nos subordonnés.
Manière de faire les observations.
Orgueil et Dignité.

L. BARBIER-JUSSY

L'ENVERS DE LA BONTÉ

L'INDULGENCE
LA DÉLICATESSE
LE BIEN TOUT PRÈS DE SOI
SOLLICITEURS ET SOLLICITÉS

PARIS
LIBRAIRIE FISCHBACHER
33, Rue de Seine, 33
1914

Avertissement.

On voudra bien me pardonner d'avoir groupé autour de l'*Envers de la Bonté*, qui est comme le noyau de ce petit volume, quelques articles parus à différentes époques et conçus dans le même ordre d'idées.

Formant chacun un petit ensemble complet, ils ne peuvent prétendre produire un livre qui ait de l'unité. Mais il m'a semblé qu'à défaut d'unité littéraire, il y avait entre ces articles de tels points de contact que leur réunion pouvait aider à l'expression de sentiments émanant d'un unique désir et tendant au même but :

Notre amélioration et notre progrès moral.

L'Envers de la Bonté.

L'Envers de la Bonté.

Y eut-il jamais vertu plus universellement aimée et admirée que la bonté?

Je ne le crois pas et ne voudrais pas que cela fût.

Mais alors, si la bonté est reine sans conteste, si elle a été reconnue telle et glorifiée dans tous les temps, que sert donc d'en parler encore ?

Evidemment, nous n'ajouterons rien à sa gloire. Mais, en mettant ses amis en garde contre tant de faux semblants qui les induisent en erreur, nous montrerons peut-être combien elle est plus rare qu'on ne se l'imagine, et, par conséquent, encore plus précieuse.

Car, de même qu'il existe, sur la terre,

plus d'imitation que de diamant vrai, de même, il est répandu de par le monde une variété étonnante de contrefaçons de la bonté qui, en en donnant l'illusion à peu près complète, l'entretiennent souvent pendant des existences entières.

Mais si cette illusion est pardonnable à ceux qui voient les choses objectivement, il n'est pas admissible que ceux qui en bénéficient en soient dupes eux-mêmes : ils doivent avoir l'intelligent courage de percer à jour tous ces simulacres, et de les réduire ainsi à leur valeur réelle qui devient bien minime.

« On peut et on doit, dit Faguet, s'écouter, s'ausculter, se surprendre, saisir ses secrets au détour des sinueux sentiers.

A quoi cela sert-il ? A ne pas être trompé par soi-même, à ne pas être étranger à soi, à ne pas se prendre pour un autre. »

Arrachons donc ensemble quelques-uns de ces voiles que nous laissons si volontiers flotter entre nous et nos actes de vertu pour ne pas en percevoir nettement les véritables mobiles.

Quand, par exemple, pour parvenir à un but ambitieux il faut fatalement avoir recours aux apparences de la bonté, combien reste alors infime la part de celle-ci, même dans les actes réputés les plus bienfaisants !

Pour ne citer qu'un cas : les marques d'affabilité et de générosité que répand un mandataire dans sa circonscription, peuvent-elles être raisonnablement attribuées à un mobile charitable ou même philanthropique ?

Non, l'intérêt, le vulgaire intérêt s'est alors substitué à l'idéale vertu qui devrait rester dégagée de tout alliage impur.

Le bien perd même son nom quand il n'est qu'un moyen d'arriver.

Mais le défaut qui, le plus souvent encore, se dissimule sous le couvert de la bonté, c'est l'orgueil

Et quoi de moins étonnant ? puisqu'il sait prendre tous les manteaux, se glisser derrière les plus nobles actions, s'abriter sous toutes les vertus ! La meilleure de toutes pouvait-elle échapper à ses atteintes ?

C'est au contraire l'orgueil (ou au moins la vanité, son corollaire habituel) que l'on trouve le plus souvent caché sous les divers travestissements dont le masque est la bonté. On doit s'estimer heureux encore quand elle ne finit pas par être absorbée en cet orgueil au point d'être totalement annihilée.

Que de gens sont esclaves de la charité qu'on pourrait appeler : « officielle », uniquement parce que ce genre de gloriole leur semble plus considéré qu'un autre ?

Et pour les bals de charité, les représentations de gala, les kermesses et les ventes, ne s'ajoute-t-il pas à la vanité le plaisir d'y prendre part ?

Il va sans dire que je ne me permets pas de blâmer ces moyens (très habilement basés sur la connaissance du cœur humain) d'attirer des aumônes qui, sans eux, seraient probablement restées.... où elles étaient ; mais j'insiste sur ce que, il ne faut pas, en les employant, croire accomplir des actes de charité très méritoires : voilà simplement le but de cette petite observation.

Non, il n'y a d'absolument valable dans la charité que ce qui doit demeurer ignoré et ne porte pas en soi-même sa récompense immédiate.

La bonté motivée par l'orgueil est donc viciée dans son essence même qui est l'abnégation.

Mais aussi, le motif qui l'a inspirée une fois dévoilé, de cette bonté simulée, il ne reste plus rien : c'était un édifice qui s'écroule avec sa façade. Tandis que, dans ses éléments, il entre souvent un autre facteur qui, lui, fait plus que la motiver ; qui en s'y substituant, arrive à en donner l'illusion presque absolue, au point de rendre difficile la délimitation de leurs domaines respectifs : je veux parler de la faiblesse.

D'un père de famille qui fuit quand il faudrait mettre ses enfants à la raison, ou de la mère qui, assumant toute la tâche de l'éducation, a le courage d'être ferme toutes les fois qu'il le faut, quel est, des deux, celui qui a le mieux compris et accompli son devoir ?

Et la faiblesse du pilote qui a ainsi abandonné le gouvernail, au lieu de « bonté », ne mériterait-elle pas d'être appelée « lâcheté » ?

Il ne faut pas se borner non plus à ne rien faire de malfaisant personnellement en détournant les yeux de ce qui se passe autour de soi, mais ne supporter rien de malveillant dans ce qui est de sa dépendance ; s'opposer au mal sous quelque forme qu'il apparaisse et dans toute la mesure de ses moyens d'action.... Seulement, pour cela, il faut fournir un effort qui, aux natures faibles, semble presque héroïque.

.. La bonté, pour être efficace, doit être

doublée, non seulement de clairvoyance et d'équité, mais de forte énergie : une sainte colère est parfois un acte de vertu.

La faiblesse est donc trop souvent confondue avec la bonté.

L'équilibre parfait serait dans la fermeté tempérée de douceur.

Mais qui peut se vanter de savoir allier dans la juste mesure ces deux vertus contraires ?

Si c'est la fermeté qui domine dans un caractère, facilement il tournera à la dureté ; et il éloignera dès lors toutes les sympathies.

Si, au contraire, il incline vers la douceur, fût-ce même à l'excès, il aura vite fait d'attirer ces mêmes sympathies et, à leur suite, les cœurs, conquis par cette apparence séduisante.

De trouver : « qu'il est aimable ! » à dire : « qu'il est bon ! » il n'y a qu'un pas : ce pas est vite franchi.

Plus une réputation de bonté grandit, plus, en y prenant goût, on se sent porté à l'augmenter encore. Et une fois dans cette voie de l'attirance des cœurs, comment et pourquoi s'arrêter en chemin ?

Exercer un charme est une satisfaction d'essence rare à laquelle on ne se refuse pas.

On croit qu'on sème la joie alors qu'on la recueille. Et cette illusion contribue à nourrir ce genre de bonté qui, dépouillé de ses artifices, n'est que le plaisir de plaire.

Si user de son charme est permis, en jouer est coupable.

Cette heureuse disposition de la nature qui porte l'étiquette de la bonté sans en renfermer la puissante vertu, se manifeste généralement surtout par des paroles. Si elle en vient aux actes, elle s'élève déjà sensiblement et on pourrait à la rigueur s'en contenter.

Encore la pauvreté d'esprit serait facilement confondue avec la bonté. Par exemple :

avoir reçu des injures sans y répondre, est-ce là de la bonté ?

Tout dépend de l'état mental de celui qui subissait l'assaut.

S'il est assez apathique pour préférer le repos au moindre effort ; s'il est lent à trouver et à formuler une réponse adéquate à l'attaque, en se taisant, il n'a eu aucun mérite.

Mais s'il a l'esprit vif et subtil ; que le mot juste et qui aurait porté se soit présenté à sa pensée et qu'ayant eu la riposte sur les lèvres, il l'ait refoulée par un effort de volonté, ce n'est pas simplement de douceur qu'il a fait preuve, c'est d'une vertu rare et presque surhumaine.

Pas plus que la mollesse il ne faut confondre avec la bonté le manque d'à-propos.

Nous avons aussi dans le cœur un sentiment de pitié auquel résister nous serait même difficile, car la souffrance, chez nous et chez les autres, est ce qui contrarie le plus notre instinct naturel. N'aimant pas à voir souffrir, nous cherchons tout naturellement à atténuer cette impression pénible autour de nous et, par contre-coup, en nous-mêmes, dans toute l'étendue de nos forces. Et la joie que nous éprouvons à adoucir une souffrance compense peut-être largement toutes les peines prises pour arriver à ce résultat....

Notre mérite, en cela, n'est donc pas sans alliage.

Ce mérite, d'ailleurs, nous avons, pour en connaître le degré, un moyen tout à fait à notre portée, qui est de nous poser cette question : si nous ne devions pas la voir de nos propres yeux, cette souffrance, si nous ne devions que la soupçonner vaguement, serions-nous aussi empressés à l'atténuer?

Ne désirons pas la réponse.

Nous n'aimons pas non plus à nous sentir une amertume dans l'âme : peut-être est-ce là le secret de cette douceur naturelle dont nous aimons tant à nous faire une force !

Et enfin il y a encore le sentiment inné de l'équilibre que nous portons en nous et qui nous rend malheureux quand il est insatisfait.

La partie supérieure de notre être ne doit pas pouvoir vivre normalement quand subsiste une irrégularité matérielle ou morale à laquelle il nous est possible de remédier.

Et c'est une délectation réelle pour toute âme digne de ce nom de voir régner autour d'elle l'ordre, la convenance, la justesse, la justice : en un mot l'harmonie dans toutes ses manifestations.

Mais, je le répète, tous ces sentiments ou innés, ou acquis, ou subis, qui expliquent notre propension à faire des heureux; et même tous les motifs à côté qui atténuent le mérite de la vertu, sont loin de l'annuler.

Il peut rester dans une action bienfaisante une fraction de bonté même quand beaucoup d'alliage s'y mêle ; et cette bonté même imparfaite est infiniment préférable à son absence totale.

Car elle serait infime, la somme du bien qu'on arriverait à réunir si l'on n'acceptait comme tel que celui dont la source est absolument pure.

Examen de Conscience de la Bonté.

A-t-on fait acte de bonté? quand on a donné :

Le moins possible....

Le plus tard possible....

Avec mauvaise grâce....

Quand on a donné un peu pour recevoir davantage?

Quand on a donné parce qu'on ne pouvait pas refuser?

Ou seulement (ce qui arrive fréquemment), pour ne pas se faire d'ennemis?

Accomplit-on un acte de charité désintéressé quand on s'occupe de faire rapatrier un pauvre qui vous était importun?

De faire placer dans un asile un vieillard qui allait vous être à charge?

Quand, à quelqu'un qui cherche du travail, on propose une situation vacante sans s'assurer qu'elle est adéquate à ce qu'il souhaite, mais uniquement pour lui prouver qu'on s'occupe de lui ?

⊛

A-t-on accompli un acte très méritoire quand, en donnant des objets hors d'usage, on a fait pour ainsi dire coup triple : puisque, d'une part, on s'est débarrassé de choses qui déplaisaient en se créant l'agréable obligation de s'en procurer de nouvelles ; et que, en même temps, on s'est offert à peu de frais quelques visages reconnaissants ?

(Pourvu, du moins, qu'ils le soient sincèrement, reconnaissants, ces visages ! et qu'on ne les ait pas obligés à l'être en dépit d'eux-mêmes !)

⊛

Est-ce toujours par obligeance que, en voyage, on donne abondamment des renseignements à d'autres voyageurs ? et ne serait-ce pas souvent pour paraître plus documenté qu'eux ?

⊕

Est-ce par amabilité pure qu'on propose à quelqu'un un plaisir, qu'on doit partager avec lui et qu'on n'aurait pas osé s'offrir à soi seul ?

Toutes les défaillances de la bonté que nous révèle l'expérience peuvent servir de point de départ à un examen de conscience particulier et très salutaire. Faisons une application personnelle à nous des réflexions qui nous sont suggérées au cours de la route, et nous apporterons peut-être ainsi un peu de clarté dans nos sentiments et dans nos jugements sur nous-mêmes.

Lorsqu'on a la funeste habitude de n'agir que pour être vu, approuvé, apprécié, admiré, tout sert de prétexte et d'aliment à ce genre de vanité : on fait parade de sa charité même (ou de sa philanthropie suivant les cas); de sa serviabilité; de sa bienveillance pour les humbles.

Si l'on y manque — en public, — on en est désolé comme on le serait de toute autre déception de la vanité.

C'est presque d'être bon que l'on tire le plus d'orgueil.

Mais alors?... puisque l'orgueil annule la bonté?...

⊡

Il y a une bonté qui n'est pas complètement fausse parce qu'elle croit ce qu'elle dit au moment de rendre un service; mais qui n'est pas complètement vraie, non plus, parce qu'elle ne devrait promettre que si elle est certaine de pouvoir tenir.

Mais, voilà.... Dire non quand on nous demandait ce service aurait été si difficile qu'à tout hasard on a toujours dit « oui ».... et pourtant à quoi serviraient tous les « oui » du monde s'ils ne doivent pas être suivis d'effets ?

Ils sont plutôt malfaisants puisqu'ils donnent des illusions qui peuvent retarder des recherches à faire, des projets à préciser, des décisions à prendre.

Ce n'est donc pas de dire « oui » qui est méritoire : ce qui l'est, et grandement, c'est de tirer les conséquences de ce « oui » et de mener jusqu'aux limites du possible l'œuvre de serviabilité qu'il entraîne[1].

L'impossibilité de ne pas accomplir un acte bienfaisant atténue sensiblement le mérite que l'on croit avoir en le faisant. Quand on est pris dans ce dilemme : ou d'être bon ou

[1] Développé dans *Solliciteurs et Sollicités.*

d'être blâmé, l'acte bon en lui-même n'est plus si méritoire.

⊛

Quand on est seul pour rendre un service, on peut concevoir une espérance de gratitude qui encourage la serviabilité. Mais, ce qui est très bien, c'est de mettre en œuvre la même obligeance quand il y a des intermédiaires qui séparent de l'intéressé et que son nom, à soi, ne doit pas être prononcé; quand on n'est qu'un simple canal dont, seules, la source et l'embouchure seront connues et désignées à la reconnaissance.

⊛

Une serviabilité toujours à l'affût de marques d'obligeance à donner, bien qu'ayant pour elle toutes les apparences, n'est pas un signe formel d'absolue bonté :

Si c'est à des supérieurs hiérarchiques que les circonstances permettent de rendre service, c'est généralement par intérêt qu'on aime à le faire, et, au moins aussi souvent, par orgueil.

Si c'est à des égaux, cela peut être aussi de bonne diplomatie. (Mais c'est à leur égard, paraît-il, que la bonté est le plus difficile à mettre en pratique.)

Si c'est à des subordonnés, ne serait-ce pas pour ajouter aux liens qui nous les attachent, ceux de la reconnaissance ? (Espérons du moins que ce n'est pas pour leur faire sentir davantage leur dépendance !)

Si c'est à des amis, c'est entraînement du cœur.

Si c'est à des âmes délicates, et que, ce service, on sache le rendre avec délicatesse, qui sait si ce n'est pas alors une suprême recherche de jouissance ? Se sentir, dans ce cas, compris et apprécié peut être un raffinement de dilettantisme.

Quelquefois aussi, on aime, vis-à-vis de ses obligés, à faire parade de ses relations, à confirmer son influence dans les sphères administratives ou politiques : il faut donc en donner des preuves.

Mais, tout cela, bien entendu, ce n'est que « quelquefois »; et ce serait une mauvaise œuvre, s'il en fût, de disqualifier la serviabilité qui est une des formes de la bonté les plus sympathiques et les plus unanimement appréciées.

Quand nous éprouvons une réelle satisfaction à avoir procuré un bonheur à un ami, avant d'être en admiration devant notre propre désintéressement, demandons-nous d'abord si cette satisfaction serait aussi vive si ce bonheur lui était venu par un autre canal et qu'il en jouît tout à fait indépendamment de nous....

Je présume qu'elle le serait beaucoup moins.

⊛

Nous ressentons une telle fierté quand nous avons rendu le bien pour le mal !

Sommes-nous bien certains cependant que cela n'a pas été un peu pour faire la leçon à celui qui nous avait traités en ennemis ?

⊛

Nous sommes tout naturellement bons pour les petits enfants ; ne seraient-ce pas leur grâce et leur gentillesse qui nous charmeraient autant que leur faiblesse attire notre bienveillante protection ?

⊛

Il y a des gens qui s'occupent activement de faire des heureux, mais ne se préoccupent pas du tout de ce que, pendant ce temps, ils rendent ou laissent d'autres très malheureux.

⊛

Si révéler le bien qu'on a fait dénote un orgueil mêlé de vanité, le laisser deviner seulement témoigne d'un orgueil encore plus raffiné puisque alors, on veut cumuler le mérite de l'acte accompli avec celui de la modestie.

⊛

Est-ce avoir du cœur que d'être bon pour ses proches à l'exclusion de tous ceux qui vous sont unis par des liens moins serrés?

⊛

Aimer à faire des mariages, c'est souvent :

Un peu pour rendre service.

Beaucoup pour recevoir de la reconnaissance des deux côtés à la fois.

Aussi, être mêlé à bien des entrevues, des réceptions.

S'assurer le même genre d'obligeance pour les jeunes filles de sa famille.

Attirer des confidences inévitables qu'on ne recevrait pas sans ce motif.

Pour les cœurs sensibles, s'occuper des

préliminaires d'un mariage c'est avoir la primeur d'un roman vécu, ce qui n'est pas pour déplaire au sexe sentimental; ou bien avoir place aux premières loges pour assister à une pièce dont on connaît intimement les personnages, tous privilèges considérés comme fort enviables.

Il y a la dame qui, en visite, ne parle que de ses associations charitables, qui, modestement dit d'elle et de ses confrères : « Nous autres, femmes d'œuvres.... »

N'est-il pas à craindre que celle-là ne fasse partie de ces œuvres *surtout* pour la galerie?

Qu'une fois engrenée dans la bienfaisance elle ne subisse pas l'entraînement du bien, cela, je ne veux pas le dire; le résultat pourra être efficace mais le mobile était loin d'être sans alliage.

Il y a des gens qui ont un beau jardin et offrent volontiers de jolis bouquets de roses. Mais ces roses sont à l'apogée de leur floraison ! Elles sont agréables à offrir, mais le lendemain, ne pourront plus que s'effeuiller !

Les vrais amis offrent des roses qui s'ouvriront et s'épanouiront chez leurs amis.

En fait de vertu, quand on se croit héroïque, c'est alors qu'il faut craindre le plus d'être le jouet d'une illusion séduisante : plutôt que bonté, c'est peut-être volupté d'héroïsme :

La tentation est tellement savoureuse de se croire supérieur et rare !

Il est des gens qui sont parvenus à discipliner assez sévèrement leurs paroles et leurs actions pour ne jamais contrevenir aux lois de la bonté. Mais malheureusement, ils excellent à rendre cette vertu haïssable tant ils sont intolérants pour ceux de leurs semblables qui se laissent encore surprendre par la faiblesse humaine.

Ainsi ils tanceront vertement celui ou celle à qui aura échappé la moindre médisance.... Et l'on pourrait, en conscience, se demander lequel est le plus condamnable : ou d'avoir cédé à une suggestion passagère ou d'humilier volontairement son prochain en soulignant ainsi la supériorité qu'on se décerne bénévolement....

Il est des gens qui sont très bons, mais uniquement pour ceux qui partagent leurs opinions religieuses ou politiques ; et qui pour leurs adversaires sont d'une dureté irréductible.

Comme si le meilleur moyen de les attirer à leur cause n'était pas l'exemple de la charité !

Ce n'est pas la peine d'être chrétien pour

en arriver à ce résultat : les musulmans en font autant.

Il est des gens dont la bonté n'aime à s'exercer que sur un seul genre de charité : par exemple, qui ne veulent entendre parler que de l'œuvre des « Filles repenties » ou de celle des « Petits Chinois ».

Presque toutes les œuvres sont bonnes, mais elles ne doivent pas s'exclure.

Il en est, au contraire, dont la bonté est tellement diluée que sa diffusion même arrive à la dissiper, et qu'il n'en reste à peu près rien pour chacune des trop nombreuses œuvres appelées à y avoir part :

Cette bonté-là n'atteint pas son but, puisqu'elle le dépasse.

Il est des gens qui, tout en étant très bons dans leurs actions, sont fort méchants dans leurs paroles :

Ils sont peut-être encore préférables à ceux qui font le mal en distillant le miel... ? Je serais assez embarrassée s'il fallait donner la palme à l'un de ces deux genres de.... vertu.

Il en est qui sont d'une bonté incontestable à condition qu'on soit envers eux d'une docilité absolue.

D'autres, seulement s'ils entrevoient le bienfait remontant vers le bienfaiteur sous forme d'actions de grâce, dans un nuage d'encens.

D'autres encore, pourvu qu'on n'ait pas la prétention de chercher à leur rendre leurs gracieusetés....

Leur intransigeance sur ce terrain marque un orgueil peu compréhensif de l'orgueil d'autrui. Chacun a le sien — ou même les siens. Mais précisément plus on en a, moins on admet facilement que les autres en aient....

Et enfin, il est encore des gens qui seraient excellents s'ils ne considéraient pas la bonté comme étant leur propriété exclusive....

Ceux-là, je crois, aimeraient mieux y

renoncer totalement que de partager avec d'autres le privilège dont ils se sont adjugé le monopole.

Il y a la bonté qui s'impose; et qui est bien la plus insupportable bonté que je connaisse.

Il y a celle qui, sans aller jusqu'à s'imposer, insiste trop pour vous faire accepter ce dont vous n'avez nulle envie [1].

Il y a celle qui croit conserver des droits de surveillance sur ce qu'elle a donné !

Il y a celle qui manque d'à-propos.

Celle qui ne se manifeste qu'entraînée par l'exemple ou excitée par l'émulation.

Celle qui dépend de l'humeur du moment.

Il y a celle qui, avant de donner, veut fouiller rétrospectivement jusqu'au fond des vies et des consciences et ne se décide à accorder ses dons que quand elle en trouve

[1] Et combien est subtilement délicate la délimitation des domaines respectifs de l'obligeance, de l'insistance, de la discrétion et de la cérémonie? qui, bien que se touchant par tant de points, ne veulent pas être confondus.

un être tellement digne que.... cela n'arrive presque jamais.

Il y a celle qui, lorsqu'on lui parle d'une infortune à soulager, a toujours à lui opposer ses pauvres personnels[1].

Et, au contraire, celle qui préfère de beaucoup les protégés très éloignés pour être plus certaine de ne pas être envahie par eux.

Il y a celle qui, sous forme de charité, gaspille en publications pompeuses, en statuts administratifs, en élections de comités, le temps et les moyens d'action dont elle dispose.

Il y a donc :

La bonté autoritaire ; l'indiscrète ; l'indélicate ; l'intempestive ; l'intermittente ; la capricieuse ; la scrutatrice ; la fuyante ; la distante ; et jusqu'à la bonté qui aime le panache !

[1] Cela est quelquefois très naturel et même bien ; mais il faut le faire avec délicatesse.

Il y a encore la bonté superficielle, qui se contente des actes jugés bons sur l'apparence.

Puis la bonté que je qualifierai de courante (parce que beaucoup s'en contentent, pensant avoir atteint un niveau très suffisant), laquelle ne s'exerce que jusqu'à concurrence de son droit, de ses aises et de ses intérêts....

Mais il y a aussi :

La bonté douceur, ce qui est délicieux, et la bonté force, ce qui est beau et grand.

Puis la bonté intelligente (la plus efficace); même la bonté élégante, ce qui est joli ; et la bonté délicate, ce qui est exquis.

Et enfin il y a celle qui les renferme toutes et qui est, pour ainsi dire, sans fond :

Si c'est l'acceptation des mauvais procédés qui lui est demandée, elle ne connaît de limites que celles qui lui sont imposées par sa dignité. Et sa puissance de pardon est si grande qu'elle redouble de mansuétude pour ceux qu'elle aurait la crainte de moins aimer.

Si c'est par la charité matérielle [1] qu'elle se traduit, elle n'a de bornes que l'impossibilité de faire davantage.

Si c'est par la compréhension des tristesses qui l'entourent et le baume qu'elle leur apporte, c'est alors plus et mieux que ses dons : c'est son cœur tout entier qu'elle répand dans le cœur des affligés.

Mais, à cette bonté-là, on n'ajoute pas d'épithète, parce qu'il les lui faudrait toutes.... et celle-là, c'est simplement :

La Bonté.

[1] Argent, temps, peine.

Observations sur la Bonté.

Bonté et Charité.

On confond trop souvent la bonté avec la charité se manifestant par l'aumône.

Cette dernière évidemment peut être la conséquence de la bonté et n'a même de valeur morale que quand elle en découle.

Mais elles ne sont pas indissolublement unies et existent même souvent totalement indépendantes l'une de l'autre.

Il peut se trouver que des gens ayant fait d'importantes donations (et, par conséquent, considérés comme très charitables), n'aient jamais été bons réellement ; pendant que d'autres, dans l'impossibilité d'exercer la bienfaisance matérielle, ont su toute leur vie être bons efficacement, la charité sachant, à force d'ingéniosité, trouver mille moyens de contre-balancer les malfaçons du sort.

En prodiguant (à défaut de témoignages plus tangibles) son temps, ses efforts et son intelligence, elle arrive parfois même à produire des résultats infiniment supérieurs à ceux que pourrait donner une générosité inintelligemment dirigée (les lauréats des prix de vertu décernés chaque année en sont un témoignage vivant). Et surtout, qui ne sait que ce qui rend heureux, ce n'est pas tant le don lui-même que l'intention qui l'a conçu et la délicatesse qui l'enveloppe ?

Mais il va sans dire que des privilégiés de la fortune qui se targueraient de ce raisonnement pour se dispenser de l'aumône failliraient alors au devoir de la charité matérielle qu'ils ont reçu la mission d'exercer.

Bonté innée. - Bonté voulue.

Au point de vue de la valeur morale, il est indiscutable que la bonté consciente, la bonté voulue, est infiniment supérieure à la bonté naturelle accordée à tout être bien né.

Mais en est-il de même au point de vue de l'efficacité de cette bonté ?

C'est ce que je voudrais chercher.

La bonté innée est spontanée, généreuse, toujours sympathique....

Mais, parce qu'elle est simplement un don de la nature, si un autre sentiment plus vif vient à s'élever contre elle il peut arriver qu'il la domine. Tandis que la bonté voulue, étant le produit de l'intelligence, du cœur et de la volonté, est armée pour la défensive dans la lutte contre ses éternels ennemis, l'égoïsme et l'orgueil [1].

La bonté voulue verrait donc sa supériorité incontestée. Si.... elle *voulait toujours*....

Mais là est le point vulnérable.

La bonté qui n'est pas naturelle peut-elle se soutenir sans défaillances, par l'effet seul de la volonté ?

Si les actes bons ne sont que la résultante d'un effort, n'y aurait-il pas à redouter dans leurs intervalles des réactions, ou tout au moins des intermittences du sentiment qui les a motivés ?

Et pendant ces intervalles que resterait-il si le naturel n'offre aucune compensation ?

Je crois bien qu'il faut, réunies en un même cœur, la bonté innée et la bonté voulue pour produire la bonté achevée, la bonté complète.

[1] L'orgueil peut arrêter la bonté dans la défense des absents : on croit si volontiers affirmer sa supériorité en critiquant ou en jugeant sévèrement !

La bonté s'accommode normalement avec le jugement.

Elle fait moins bon ménage avec l'esprit; mais s'allie admirablement avec l'intelligence.

Peut-être y a-t-il un être réellement bon contre cent qui n'ont que l'apparence de la vertu et n'en souhaitent que le profit.

Il faut se laisser aller au premier mouvement quand c'en est un de générosité; ce n'est peut-être jamais qu'on retrouvera cette spontanéité charitable.

Quand un homme est vraiment bon, l'antithèse de la force sachant ainsi se dominer simplement pour devenir douceur, a quelque chose de non seulement beau mais vivement touchant.

Quand nous voulons, par un luxe apparent, donner l'illusion d'une fortune plus grande que celle que nous possédons, il faut agir de même au point de vue : charité et générosité ; le contraire est profondément choquant.

⊛

Que de degrés dans la bienfaisance ! On ne saurait sincèrement s'attribuer un mérite extrême quand on a accompli une œuvre, bonne en soi, mais qui ne vous a coûté aucune privation, aucune peine, aucun ennui : par exemple, quand on a tricoté de petits chaussons pour les pauvres, dans un bon fauteuil, devant un bon feu, sous une bonne lampe, en devisant avec d'aimables amis....

....Et cependant, celles qui tricotaient ces petits chaussons, avaient encore beaucoup plus de mérite que celles qui employaient ces mêmes moments en vaines broderies.

⊛

Quand on est célibataire ou sans enfants, c'est simplement satisfaire aux lois de l'équilibre qu'aider les familles de son entourage, dans leurs tâches multiples, par tous les moyens en son pouvoir.

⊛

Ce n'est pas tout de faire le bien : il faut le bien faire.

⊛

Prendre toujours le parti des absents attaqués est un rôle d'autant plus noble qu'il est plus ingrat : on n'est jamais bien avec ceux qui sont présents. Aussi est-ce un acte de bonté réellement méritoire — quand il ne s'y mêle pas trop d'orgueil.

⊛

On a vu des êtres bons au point de s'attacher à des créatures malheureuses par le mal même qu'ils en avaient reçu.

⊛

Quand on ne peut rien pour soulager ceux qui souffrent, il reste un ultime moyen de leur être bon malgré tout. Ecouter leur plainte ; comprendre leur peine ; ressentir leur émotion ; partager la tristesse que leur cause leur souffrance.

⊛

Il vaut mieux être bon qu'écrire sur la bonté.

⊛

Quand une réputation de bonté est une fois acquise, il peut se faire qu'elle résiste au plus féroce égoïsme.

⊛

L'émotion qu'on éprouve du chagrin d'un autre n'en est souvent que le contre-coup physique.

⊛

Ne pas dire les impolitesses qu'on a reçues n'est pas toujours discrétion ni délicatesse envers ceux qui en sont les auteurs : c'est plus souvent désir de cacher la petite humiliation qu'on en a ressentie.

⊛

Pourquoi certaines natures excellentes au fond ont-elles l'abord ingrat, le contact rugueux, ce qui rend les rapports difficiles et pénibles ?

Pourquoi la forme ne répond-elle pas à ce fond solide et même généreux ?

Pourquoi ne pas laisser la bonté s'auréoler de ce qui en est le charme : douceur, bienveillance, enjouement ?

La bonté vaux mieux que ce qui l'entoure : mais c'est ce qui l'entoure qui la fait aimer et accepter.

Comme toutes les supériorités, la bonté doit être achetée deux fois : il faut d'abord l'acquérir et ensuite se la faire pardonner.

⊛

C'est sous chacun de nos pas que naissent les occasions de faire le bien. Mais c'est aux subordonnés qu'il est le mieux d'en faire le plus possible :

D'abord, parce que ce bien se présentant à nous journellement et tout naturellement, paraît nous être tout indiqué.

Puis, parce que le bien fait à des déshérités est de beaucoup le mieux placé ; et en même temps le plus épuré comme intention puisqu'on est à peu près certain de ne recevoir d'eux aucune réciprocité.

⊜

Faire du bien à un ami est naturel.

Faire du bien à un être quelconque qui vous connaît est bien tout simplement.

Faire du bien à un ami à son insu a un mérite très grand mais d'une nature toute sentimentale [1].

Faire du bien à un inconnu pour lequel

[1] Développé dans la *Vie de l'Amitié*.

on restera soi-même inconnu, est tout à fait bien, la pureté de l'intention bienfaisante étant alors certaine[1].

Mais faire du bien à un ennemi qui l'ignorera toujours, cela est presque sublime.

⊛

Est-ce une vérité si banale de dire que « La Bonté est un trésor » ?

On en peut tirer une comparaison qui lui donnera soudain une lumineuse signification :

A quoi sert un trésor s'il reste enfoui ?

Pas davantage la bonté ne doit demeurer à l'état latent.

Et de même que si l'on attend, pour faire don de son trésor, le privilégié qui le méritera tout entier, il est probable qu'on ne le donnera jamais (tandis que la monnaie de ce trésor on a chaque jour, à chaque instant,

1 C'est pourquoi écarter d'un chemin public un obstacle, une flammèche, quelque peu de chose que cela paraisse est un acte très bon : l'anonymat absolu qui l'entoure en est le garant.

l'occasion d'en faire des heureux), de même si l'on ne répand pas sa bonté en actions journalières (minimes en apparence, mais bienfaisantes en réalité), on arrivera peut-être à la fin de la vie sans avoir trouvé le moment d'être bon !... Morale :

N'attendons pas toujours l'occasion future en la supposant meilleure.

Saisissons celles, toutes celles qui passent devant nous.

Faisons le bien quand il se présente et comme il se présente.

⊜

Il ne faut pas se laisser arrêter dans la voie du bien par cet argument des bonnes volontés chancelantes : « Qu'est-ce qu'*une* âme, *un* cœur, *un* corps, cultivés ou sauvés ou soignés parmi les milliers de ceux qui continueront à peiner, à souffrir, à mourir ? Est-ce la peine de se sacrifier pour un si infime résultat ? »

D'abord, le résultat fût-il « infime », ce serait la peine. Parce que celui à qui l'on aurait consacré son temps et son effort, cet être-là est un tout indépendant de la multitude qui l'entoure.

Son âme, son cœur, sa personne, renferment pour lui une existence, un bonheur complets.

Demandons-nous ce que nous éprouverions si, dénués de tout, nous pouvions lire dans l'âme de celui qui serait en pouvoir de nous sauver, cette affreuse pensée : « Ce n'est pas la peine. »

Nous ne nous dirions pas alors : « Je ne suis que la cent millième partie de l'humanité souffrante : pourquoi s'occuper de moi ? »

Non, quand il s'agit de nous-mêmes, il nous semble que nous soyons le centre de l'univers, autour duquel tout doive graviter.... et il le semble aussi à celui que nous hésitons à sauver.... N'hésitons pas !

Mais on peut encore opposer à la lâcheté

de cet argument un raisonnement qui trouve son application dans toute action collective.

On n'est pas seul à penser, à raisonner, à agir. On fait partie d'un tout ; et si les multiples éléments qui font partie de ce tout agissent dans le même sens, cette multiplication peut produire un résultat prodigieux.

Si chacune des cent mille volontés qui auraient pu concourir à une œuvre d'humanité, avait négligé de travailler au bien commun, sous prétexte qu'elle serait isolée, rien ne serait fait. Mais si ces cent mille volontés, additionnant leurs efforts (telles les humbles fourmis d'une innombrable fourmilière), ont apporté, chacune, à cette œuvre, leur modeste grain de sable, chacune n'eût-elle sauvé qu'un malheureux, ce n'est pas un, c'est cent mille qui auront été sauvés.

« Mais, objecterez-vous, ce n'est pas parce que moi, j'aurai entrepris une œuvre de salut que d'autres l'entreprendront.... »

Et qui sait si, justement *parce que* vous

l'avez entreprise, cette œuvre, d'autres ne subiront pas l'entraînement de l'exemple ?

Quand vous n'auriez induit à vous suivre que deux bonnes volontés, ce serait déjà un résultat gros d'espérances.

Car ces deux pourront en entraîner quatre.... et vous connaissez la progression arithmétique, en langage familier : la boule de neige... ?

C'est pourquoi il ne faut pas se décourager avant de commencer ; rester attaché au rivage quand on pourrait naviguer à pleines voiles.

Jamais le mot : « Une force qui va » ne pourrait être mieux approprié qu'au bien, croissant, s'étendant par une puissance d'expansion qui n'appartient qu'à lui.

C'est affaiblir et compromettre son action que restreindre son champ d'activité.

Sa diffusion, au contraire, est l'ambition constante de ceux qui le veulent toujours plus bienfaisant. Mais cette diffusion ne peut avoir lieu que quand cette bienfaisance arrive à s'élever au-dessus des contingences qui l'encerclent et l'entravent trop souvent dans son ardent élan.

Puis, si nous voulons que l'influence de la bonté-charité s'étende toujours davantage, alors il faut créer des foyers.

Qu'est-ce qu'un foyer ?

Le point qui après avoir concentré et lumière et chaleur, lance son lumineux et chaud rayonnement aussi loin que peuvent atteindre ses flèches d'or.

Mais le sens de ce mot se transforme et s'élève puissamment par la magie du symbole qu'il renferme :

Evocateur en même temps d'accueil hospitalier et de bonheur intime, ce foyer-là encore attire — et il retient. Mais, non plus seulement, cette fois, la chaleur et la lumière : ce sont maintenant les êtres et les cœurs.... Car ce foyer-là, c'est le réconfort, c'est la joie, c'est la vie qui se communiquent.... Soyons des Foyers !

Solidarité.

Jamais mot fut-il plus rempli de choses qui, si elles étaient, par tous, éprouvées, comprises, réalisées, suffiraient à changer le monde ?

La solidarité vraie n'est-elle pas la résultante de ce bel état d'âme qui nous fait :

Participer à tout ce qui touche les autres humains ;

Assumer les dettes de reconnaissance de ceux des nôtres qui ne le peuvent faire ;

Souffrir de l'injustice et employer toutes nos puissances à en réparer les méfaits ;

Répondre à tout appel de la faiblesse ;

Sympathiser avec toute souffrance ;

Trembler de tout danger couru ;

Jouir de toute joie ressentie ;

Vibrer avec toute émotion ;

En un mot :

Vivre, avec notre vie, celle de tous nos frères !

L'Indulgence.

L'Indulgence.

L'indulgence ? Quelle douceur dans ce mot et que de douces choses il enclôt !

Douceur dans l'âme de celui qui la possède ; douceur dans ses jugements ; douceur dans sa parole et dans son expression ; douceur dans les cœurs qui en ressentent le bienfait !

Quand la jeunesse est partie, c'est l'indulgence alors qui attire la sympathie.

Chaque pas fait dans la vie devrait être un pas de plus dans la voie de l'indulgence et en est un pour les intelligences qui savent voir et comparer ; les cœurs qui savent sentir ; les âmes qui savent s'élargir et s'élever.

A mesure que les vies se déroulent, que les événements s'accumulent et que les ruines s'amoncellent autour de nous, nous constatons davantage la rareté de cette perfection que notre jeunesse avait crue possible.

Nous avons été témoins de tant de défaillances — et de tous genres — que nous les trouvons plus excusables.

Et quant aux défauts de l'âge mûr, qui nous paraissaient jadis si antipathiques.... c'est nous maintenant qui les *possédons.*

Il n'est d'ailleurs pas mauvais, pour notre progrès dans l'indulgence, que nous en ayons quelques-uns à notre actif; et surtout que nous nous en rendions compte avec une complète bonne foi : ceux-là du moins, sont, je le pense, pardonnés d'avance à ceux de nos semblables que nous nous permettons de juger. (Quoiqu'on assure que précisément nos défauts sont ceux qui nous déplaisent le plus dans les autres humains.)

Si nous leur pardonnions d'abord tous nos défauts actuels ; puis ceux que (selon l'ordre habituel des choses) nous *acquerrons* encore en vieillissant; et aussi toutes les erreurs semblables à celles que nous avons commises, cela en ferait déjà un nombre respectable qui seraient sauvés.

Resteraient seulement, alors, les fautes qui nous paraissent tellement au-dessous de nous!...

Et, même celles-là, sommes-nous si certains que nous ne nous y serions pas laissés aller si l'occasion s'en était présentée et que nous n'ayons eu pour nous en défendre, ni religion, ni atavisme, ni tradition, ni famille, ni exemples, ni éducation? et que tout cela au contraire se fût retourné contre nous?

Comment prétendre que si nous avions été aussi mal partagés que nos frères malheureux, nous n'aurions pas cédé aux mêmes tentations qu'eux?

Ceux qui se croient d'une essence si supérieure répondent alors :

« Non, nous n'aurions pas succombé, parce que nous, c'était.... nous.»

Pour établir cette différence entre « nous » et ceux qui ont faibli, il faudrait donc admettre que nous aurions possédé en nous pour résister et réagir quelque chose qu'eux n'avaient pas....

Et alors, ce quelque chose, si nous l'avions eu dès notre entrée dans la vie, c'est qu'il eût été tout à fait indépendant de nous.... — se fût-il même appelé : volonté.

Car cette volonté qui, émanant du plus intime de notre « moi », semble nous appartenir plus qu'aucune autre faculté, cette volonté, elle aussi, est un don de la nature ; seulement plus fécond que tous les autres, voilà tout.

Non, il ne nous reste aucun prétexte à alléguer pour juger nos frères avec sévérité.

Cependant, dira-t-on, il peut se trouver qu'on soit obligé de juger; ne fût-ce que pour former la conscience de la jeunesse, témoin d'actes blâmables.

Oui, cela est possible. Mais heureusement,

juger n'est pas toujours condamner. Il ne faut blâmer que les apparences, réservant le jugement définitif pour le temps où l'on en possédera tous les éléments ; — et quand les possédera-t-on tous ?

Ceci est précisément un des cas où la maturité rend l'indulgence plus facile. Car, n'eût-elle pas plus de lumières que la jeunesse sur la circonstance présente, elle peut s'éclairer, pour la juger, de tous les cas assimilables rencontrés au cours de la vie et à la lueur desquels elle découvrira probablement des atténuations indevinables pour l'inexpérience.

La vie est un chemin montant dont l'ascension est souvent pénible : à chaque pas, il nous faut fournir un effort qui nous coûte, mais souvent aussi qui nous vaut un progrès.

Puis, à chaque tournant de la route, nous laissons un peu de nous-mêmes ; et ce « peu » est remplacé par des éléments nouveaux dans notre esprit et dans nos connaissances; parfois aussi dans notre jugement.

Et cette évolution de nos facultés intellectuelles est un des arguments qui devraient le plus nous inciter à l'indulgence : Comment oserions-nous condamner une opinion que nous avons partagée ou que nous partagerons peut-être, uniquement parce qu'elle s'oppose à la nôtre en un présent combien fugitif! lequel n'est peut-être qu'un point au milieu de notre existence?

Ce que nous pensions, ce que nous aimions il y a vingt ans, peut-être même dix, pourquoi d'autres ne le penseraient-ils pas, ne l'aimeraient-ils pas à leur tour ?

Est-ce parce que nous ne le voulons ou ne le pouvons plus, moralement ou physiquement, qu'il leur faudrait renoncer à passer par où nous avons passé ?

Ayons assez de largeur dans les idées et de noblesse dans les sentiments pour nous avouer vaincus en présence de nos évolutions successives ; et ayons aussi assez d'esprit dans le cœur pour tirer, de la vision du passé, des trésors d'indulgence pour l'avenir.

La vieillesse qui n'est pas indulgente manque-t-elle à la fois de jugement, de bonté et de sincérité envers elle-même ?

Est-ce son orgueil qui l'empêche de se souvenir ?

C'est peut-être un sentiment mêlé de tous ceux-là qui, en la dominant, la fait renoncer à l'un de ses privilèges les plus précieux [1], car elle est arrivée au moment de la vie où il est donné à l'indulgence d'atteindre à son perfectionnement.

Non seulement alors les circonstances extérieures et les évolutions personnelles

[1] Une personne qui n'est pas indulgente exerce rarement de l'influence sur la jeunesse. Tandis que l'indulgence attire tous les cœurs, et à leur suite la confiance — et même la confidence — à l'indulgence, on ne craint pas d'avouer ses torts : on est donc avec elle complètement sincère.

Il faut, en vieillissant, devenir indulgent pour tout : même pour le manque d'indulgence de la jeunesse.

sont venues en s'accumulant redresser le jugement, mais aussi — mais surtout — c'est en bonté que l'existence a dû faire grandir l'âme; alors l'indulgence (qui de la bonté est une des manifestations les plus naturelles) a gagné tout le terrain qu'a perdu la sévérité.

Les défauts des anciens sont devenus moins agressifs : la vie a tant travaillé à réduire leurs rugosités, que leurs aspérités, usées, comme rabotées et en tous cas moins proéminentes maintenant, se heurtent moins souvent contre les aspérités voisines.

Deux orgueils, par exemple, ne peuvent se trouver vis-à-vis l'un de l'autre sans qu'il y ait rencontre, choc et quelquefois blessure, chacun voulant s'élever au-dessus de son rival : si l'un des deux se rétracte, il y a évidemment moins de chance de collision.

Puis, bien qu'en vieillissant, on voie de plus en plus clairement les défauts de ses semblables, les connaissant toujours mieux pour les avoir en soi-même combattus davantage, on a appris en même temps à connaître leur résistance, leur maîtrise, et l'on s'étonne moins de leur domination.

D'ailleurs, ce n'est plus le moment de peser ni de compter ! Si l'on a su comprendre la leçon de la vie, on s'aperçoit qu'il est temps de la résumer en en mettant à profit les enseignements, qui tous amènent à l'indulgence.

On s'aperçoit aussi qu'on aurait pu prendre, pour arriver au même but, un chemin bien plus court.

Puisque les raisonnements de notre jugement ce sont les lacets de la route par lesquels fatalement on finit par arriver, mais après les avoir arpentés, combien longuement !

Tandis que les sentiments, eux, ne connaissent pas ces détours ! Survolant et sentiers et chemins, ils franchissent l'espace, allant droit à leur but, comme la flèche ou comme l'oiseau....

De sorte que, s'il reste encore à fournir quelques étapes pour atteindre au sommet de l'indulgence, il n'y a plus qu'à les brûler et l'on arrivera bien plus tôt, en prenant la grande route du ciel, sur les ailes de la bonté.

La Délicatesse.

La Délicatesse.

La délicatesse ne se définit pas ; ne se démontre pas ; ne s'analyse pas.

D'essence encore supérieure à la fleur qui, elle, se laisse disséquer, elle est dans le monde moral ce que le fluide est dans la nature : insaisissable, elle se devine, elle se sent ; mais c'est à peine si un signe extérieur a marqué son passage.

On n'oserait affirmer qu'elle s'apprenne : comme les dons les plus mystérieux et les plus élevés de la nature, elle est innée. Mais, existante à l'état latent chez une créature déjà privilégiée, elle peut éclore impressionnée par l'exemple et grandir étant cultivée par l'éducation du cœur.

La délicatesse est le plus raffiné des perfectionnements de la bonté.

Seule elle sait à souhait donner et recevoir[1]. Même, elle devine les besoins et les désirs qui n'osaient se trahir, car elle *lit entre* toutes *les lignes* — même entre celles de la pensée.

Mais son influence dépasse infiniment ces témoignages matériels, car ce qu'elle sait encore le mieux donner et recevoir, ce sont les satisfactions intimes, dont elle a le secret de faire de vrais bonheurs, ajoutant aux joies de l'affection un raffinement exquis.

Cependant, elle est en même temps une source de vive souffrance, communiquant aux âmes qui la possèdent, une sensitivité particulièrement développée.

Ces âmes devenues ainsi suprasensibles sont, par les impressions morales, gravées

[1] La délicatesse a une si grande part dans la manière d'offrir et dans celle d'accepter, que nous consacrons à ce sujet un chapitre spécial intitulé : « Donner et recevoir. »

comme par la pointe d'un burin, et avec quelle acuité !

Elles sont une sensibilité vivante.

Mais connaissant mieux que quiconque la souffrance, elles savent mieux aussi la comprendre et l'adoucir en leurs semblables ; prévenir tout choc moral ou du moins l'atténuer chez ceux qu'elles veulent ménager — et elles veulent ménager tous ceux qui les entourent.

Elles pressentent ce qui pourrait peiner même légèrement. Et ceux qui leur sont chers peuvent se sentir sûrement à l'abri dans le refuge de leur tendresse.

Elles ne tiennent compte ni du succès, ni de l'insuccès des actions, mais n'attachent de prix qu'à la seule bonne volonté.

Rien qu'à ce signe, la délicatesse serait reconnue d'un ordre infiniment plus élevé que la moyenne des sentiments répandus dans le monde.

Et pourtant, ce n'est pas une entité irréelle :

tous sont appelés à en recevoir l'initiation : elle peut se manifester dans tous les échanges humains des cœurs et des esprits : saisissant le sens intime des mots, pénétrant l'âme des choses, introduisant dans les rapports une harmonie insoupçonnée, donnant de la valeur aux témoignages les plus simples, relevant, affinant, spiritualisant ce qui aurait été banal, possédant, sans le chercher, l'art des paroles choisies, communiquant à tout ce qui émane d'elle quelque chose d'achevé, illuminant les cœurs, touchant tout de sa grâce.

Et cependant, bien que pouvant se glisser dans les moindres actions et les moindres paroles, c'est peut-être encore dans ses silences que la délicatesse renferme le plus de valeur morale ; puisque quand elle a refoulé en elle-même ce qui aurait pu la faire valoir aux dépens du prochain ; quand elle a tu à un ami un service qu'il devra toujours ignorer, elle a passé inaperçue — et que c'est cela encore le plus suprêmement délicat....

Quelle exquise révélation si les cœurs pouvaient trahir l'essence infiniment subtile de la délicatesse qui reste enclose en eux !

S'ils pouvaient dire leur navrante détresse quand ils croient avoir causé une peine, une déception seulement, à l'humble bonne volonté, ou à la faiblesse, sous quelque forme que ce soit !

Et que de variétés de faiblesses offrent le monde moral aussi bien que le monde physique !

Faiblesse, l'enfance, qui tient tout de ceux qui la protègent !

Faiblesse, l'infirmité et la misère, qui privent leurs victimes de tous moyens d'action !

C'est une faiblesse aussi de dépendre des autres.

C'en est une, et non des moindres, de s'être trompé et de n'avoir pas réussi dans la vie.

Et n'en est-ce pas une des plus cruelles d'avoir un cœur aimant et de n'avoir pas trouvé à qui le confier ?

Puis à côté de ces très sensibles causes morales d'infériorité, il en existe qui, pour être moins caractérisées, n'en sont pas moins une entrave perpétuelle à l'élan, au progrès, à l'action, elles aussi.

Par exemple :

Ne posséder aucune initiative ;

Ne pas savoir s'occuper ;

Ne saisir que lentement ;

S'exprimer confusément[1] ;

Être timide au point d'en perdre l'usage de ses facultés ; être assez disgracié de la nature pour ne posséder aucun attrait, aucun charme !

Autant de faiblesses ! Et par conséquent autant de motifs de sympathie bienveillante et de douce protection : pour la pitié ? peut-être. Mais elle, la pitié, se montrera à décou-

[1] La clarté est une grande force.

vert; et en croyant panser la plaie, parfois, elle l'envenimera.

A tous ces maux mal définis et qui souvent s'ignorent eux-mêmes, il faut, pour les adoucir, une main plus légère : la bonté elle-même n'y suffit pas toujours ; et cependant, sa présence il la faut!... Mais alors enveloppée, mais nimbée d'exquise délicatesse.

Dans tous les ordres de choses, la délicatesse est ce qui nous subjugue le plus ; dans l'art comme dans la nature ; qu'il s'agisse de beauté plastique, de couleurs ou de sons.

Nous nous sentons supérieurs de percevoir les nuances[1], de nous en assimiler la subtilité.

Mais quand c'est de délicatesse morale qu'il s'agit et que ce raffinement délicieusement immatériel nous apparaît dans un être sympathique à notre cœur, elle exerce sur nous un ascendant auquel nous ne résistons

[1] Développé dans : « Education et Exécution musicales. »

pas : nous ne cherchons pas du reste à nous y soustraire.

Comment s'est-elle révélée à nous ?

Quelquefois par des indices à peine sensibles : par une restriction douce apportée à un jugement trop sévère ; souvent, très souvent par de l'indulgence témoignée ; parfois par un accent ou une inflexion, par un geste à peine esquissé, qui, bien que fugitifs, ont eu une répercussion profonde dans l'âme préparée à en subir l'attrait.

Car deux êtres appelés à se comprendre, à se pénétrer par l'esprit et par le cœur, providentiellement placés sur le même chemin, se devinent à certains signes révélateurs qui, imperceptibles pour d'autres, deviennent lumineux aux yeux exercés de leurs âmes.

Les uns sont plus délicats d'esprit ; les autres de cœur.

Quelques privilégiés possèdent toutes les délicatesses.

Et ce sont encore les mêmes, parfois, en

qui elles sont alliées aux générosités du sentiment....

Alors, ces créatures d'exception, nous ne nous contentons pas de subir leur charme ; c'est une sorte de culte que leur rend notre admirative dévotion !

Et il est naturel que notre sentiment à nous tienne un peu de la terre et un peu du ciel, puisque leur délicatesse à elles, c'est : la réalité idéalisée.

Observations sur la Délicatesse.

On dit très justement que la faiblesse est une force : la délicatesse en est une aussi, mais plus belle parce que moins passive.

Sa force à elle participe plutôt de la puissance que possède la douceur voulue.

Si la faiblesse est une force, la délicatesse, elle, est une énergie.

De toutes les manifestations de la délicatesse, celle, peut-être, dont l'application est la plus fréquente, c'est le tact, qui est de tous les jours, de toutes les heures, et qui, seul, peut maintenir dans les relations sociales un équilibre harmonieux [1].

[1] La délicatesse joue aussi un rôle très important dans la discrétion qui, du reste, n'est que l'une des facettes du tact même. Voir le chapitre « La Discrétion ».

L'une des meilleures preuves que l'on est délicat, est de trouver qu'on ne l'est jamais assez.

⊜

Quand on possède ou seulement quand on comprend quelques délicatesses, on est apte à acquérir toutes les autres.

⊜

Si elle sait ne pas voir quand il ne le faut pas, la délicatesse sait aussi apercevoir justement ce qu'il faut pour être agréable à celui qui en est possesseur ou qui en attend des éloges.

⊜

Les éloges sont toujours agréables à recevoir quand ils sortent d'une bouche — ou d'une plume — sincère, sympathique et autorisée.

Cependant, peu souvent ils apportent complète satisfaction ; pourquoi ? C'est qu'ils tombent rarement sur le point sensible, que parfois ils entourent de très près sans pourtant parvenir à le toucher.

On serait tenté de croire qu'ils n'arriveraient à combler nos désirs que s'ils pouvaient être façonnés par.... nous-mêmes.

Eh bien! la délicatesse, mais elle seule, sait souvent trouver les paroles qui, correspondant à nos aspirations, apportent à l'esprit la satisfaction souhaitée, au cœur presque de la joie.

Puis quand il lui faut blâmer, le faisant uniquement par amour de la justice et de la justesse, la délicatesse alors sait apporter dans son jugement une modération à travers laquelle on reconnaît encore, malgré tout, la bienveillance.

Les esprits larges et sincères aiment mieux recevoir une observation faite dans une intention généreuse et avec délicatesse qu'une louange maladroite ou intéressée, ou encore exagérée.

Il y a des compliments qui, tournés ou compris de certaine façon, deviennent bien plutôt des blâmes[1]; la délicatesse sait deviner l'impression que produiront ses paroles et n'en prononce point qu'elle doive regretter.

Les êtres délicats, loin de souligner leurs privilèges ou leurs supériorités, paraissent, s'il se peut, les ignorer, ou tout au moins les négliger. S'ils sont obligés de se rendre à l'évidence, ils reconnaissent alors simplement combien, de ces avantages, ils sont irresponsables.

De même, ils évitent soigneusement toute allusion à une infériorité de leur interlocu-

[1] La Rochefoucauld a dit: Il y a des reproches qui louent et des louanges qui médisent.

teur et même tout sujet qui en évoquerait la pensée par une association d'idées.

Ils évitent encore toute parole pouvant rappeler aux amis de « second plan » qu'ils ne sont pas dans la sélection des intimes.

⊛

Un des faibles les plus répandus est d'aimer à être en tout plus averti, plus informé, plus documenté que ses interlocuteurs.

Quand on ne l'est pas, la sincérité suffit à empêcher de vouloir le paraître.

Mais quand, par hasard, on l'est?

Alors c'est la délicatesse seule qui peut donner la courageuse abnégation de ne pas faire valoir cet avantage si apprécié....

Mais si la délicatesse évite de répondre, elle : « Je le savais », en revanche elle épargne aux autres de répondre : « Je ne sais pas », « Je ne connais pas », « Je ne peux pas », sachant si bien l'effort que coûtent ces trois aveux, à la pauvre nature humaine.

De même, quand elle questionne un ami sur des témoignages d'affection, qu'il a dû recevoir d'ailleurs, la délicatesse reste plutôt au-dessous du probable pour ne pas l'obliger à répondre : « Non. »

⊛

Non seulement un être délicat aime à répandre autour de lui la monnaie du bien qui lui a été fait à lui-même, quand il ne peut le rendre à ses bienfaiteurs, mais il va jusqu'à souhaiter ardemment aux autres les biens aussi dont il a ressenti la privation et contribue à les leur procurer par tous les moyens en son pouvoir.

⊛

Il peut se présenter qu'un délicat d'esprit n'ait ni bonté ni délicatesse de cœur. Et au contraire, qu'un être tout à fait simpliste se trouve posséder une délicatesse de sentiments très développée puisque, si la bonté est innée en lui, elle peut lui avoir communiqué la perspicacité qui dépasse toutes les autres et a nom : l'Intelligence du cœur.

Le Bien tout près de soi.

Le Bien tout près de soi.

Nous savons tous que la France produit une moisson de belles, bonnes et grandes œuvres fondées et dirigées par de belles, bonnes et grandes âmes. De cela nous sommes fiers. Et nous ne voudrions pas qu'aucune de ces intelligences, de ces facultés, se détournât de l'idéal vers lequel elles tendent pour le plus grand bien et d'elles-mêmes et de tous.

Ce que nous voulons rechercher seulement c'est, si avant de disperser ses forces, ses bontés, ses générosités, on les a déversées d'abord sur ceux qui y avaient les premiers droits : sur sa famille, sur ses amis, sur ses subordonnés, en un mot sur son entourage le plus immédiat.

La mère de famille qui trouve le moyen

d'aller accomplir des bonnes œuvres lointaines a-t-elle toujours, auparavant, assuré le confortable absolu de son mari, la sécurité morale et physique de ses enfants ? Est-elle certaine d'être chaque jour revenue à temps pour pouvoir offrir au maître de la maison, quand il rentre, bon feu, bonne lampe, visage calme et souriant ? pour que ses fils, en arrivant du lycée, puissent travailler avec la tranquillité et la surveillance désirables ? pour que les plus petits n'aient pas eu à souffrir d'être confiés à des étrangers, et pour que les domestiques n'aient pas été livrés à eux-mêmes immodérément, sans direction ni discipline ?

La femme du monde qui va porter l'instruction dans les faubourgs s'est-elle assurée auparavant que la petite bonne qui pousse la voiture de ses enfants possède les notions élémentaires qu'elle va enseigner au loin ?

Sait-elle aussi quand elle envoie à ses pauvres des vêtements bien chauds, si les vieux parents ou les jeunes frères de cette même petite bonne n'ont pas des lits sans couvertures ou les pieds nus dans leurs sabots ?

Et quand elle va faire ses visites dans les hôpitaux, est-elle sûre d'avoir mis autant de zèle à soigner la domestique malade qu'il fallait aller trouver dans sa mansarde ? Evidemment, ce n'était pas une bonne œuvre officiellement classée ; mais ce n'en était pas moins une de beaucoup de mérite, surtout si la chambre de la malade était située trois ou quatre étages plus haut que l'appartement.

J'en ai vu de ces femmes charitables, qui faisaient d'importantes commandes de chauffage pour des indigents pendant que la maîtresse de français de leurs enfants, venue par la neige de l'extrémité de Paris, restait les pieds glacés dans la salle d'études, de huit à dix heures du matin.

J'en ai vu, de ces bienfaiteurs, qui avaient fondé une bibliothèque dans leur villégiature d'été et qui laissaient, à Paris, leurs propres domestiques se repaître des plus mauvais feuilletons, dans la pénurie complète où ils étaient de lectures instructives ou, au moins, honnêtes et salutaires.

Et ne sont-elles pas légion, les femmes qui gémissent en théorie des salaires insuffisants, des veillées portant atteinte à la santé féminine, qui font partie des ligues contre la tuberculose, puis qui marchandent d'une manière inqualifiable leurs plus modestes ouvrières ou les heures de leurs femmes de service? et cela, parfois pour pouvoir satisfaire plus largement aux exigences de leur couturier en renom [1]?

J'ai vu de celles qui s'intitulent des femmes d'œuvres, zélées protagonistes de mutualités très édifiantes, qui avaient procuré, disaient-elles, des positions à des centaines d'institutrices; elles avaient seulement oublié de recommander autour d'elles la répétitrice de

[1] Je ne parle pas des négligences si blâmables qui font attendre d'une manière démesurée les paiements aux fournisseurs.

leurs enfants qui était absolument à court d'élèves et avait ses parents à soutenir.

D'autres, au contraire, protégeaient exclusivement l'institutrice de leur fille, sans penser qu'elles avaient une jeune cousine, fort remarquable, qui cherchait des leçons.

Mais n'ayant pas, elles, choisi cette cousine, elles ne pouvaient guère la recommander à leurs amis. Et elles ne l'avaient pas choisie, arrêtées par des sentiments fort complexes, mais aussi répandus que regrettables !

Et d'abord, au sujet des protégés trop proches, la crainte de voir leurs besoins trop clairement, d'être entraînées dans un détail infini, puis d'être sollicitées fréquemment et de ne pouvoir plus se dégager.

A beaucoup de points de vue, les égoïstes préfèrent les protégés lointains :

S'il s'agit d'aumône, en plaçant une barrière par devers eux, ils redoutent moins d'être envahis.

Puis, ils veulent bien donner à des indigents qualifiés tels, mais n'aimeraient pas à paraître avoir des amis besogneux, et avoueraient encore plus difficilement des parents pauvres.

Enfin, intervient encore le plus souvent, chez les gens du monde, la préférence très accusée à laquelle nous faisions allusion tout à l'heure : celle de la bonne œuvre dûment cataloguée qui donne un certain relief et (oserai-je le dire?) satisfait un sentiment voisin du snobisme.

Depuis que la charité s'est répandue, ordonnée, disciplinée, s'est aussi faite plus large et plus intelligente, nous avons compris que quand on a donné au pauvre l'indispensable, on ne lui a rien donné si on n'y a pas ajouté un peu de superflu, « chose si nécessaire ». Mais cette théorie, la mettons-nous en pratique dans la sphère de notre action ?

Quand nous avons, pour les petits, paré un arbre de Noël, nous avons bien pensé à suspendre à chaque branche, avec l'objet utile, le joujou et les bonbons : pourquoi, lorsqu'il s'agit des grands, y penserions-nous moins? Ils n'ont pas moins besoin de joie. Leurs joujoux ne sont pas les mêmes, voilà tout. A certains, qui ont des pensées tristes et désirent sortir d'eux-mêmes, il manque des lectures; pour chaque âge il y a des douceurs : l'intelligence du cœur est là qui saura les trouver.

Mais il n'y a pas que les pauvres qui soient privés de ces douceurs : sommes-nous sûrs que, parmi nos amis eux-mêmes, tous ont un peu de dessert au festin de la vie?

Je connais des personnes qui consacrent le meilleur de leurs loisirs aux œuvres de théâtre dans les faubourgs, qui organisent plusieurs représentations par an aux fins fonds de Paris et qui n'ont jamais pensé à offrir une distraction à une petite amie sans fortune et sans relations.

Tout au plus lui envoient-elles, pour ces

représentations populaires, quelques billets avec lesquels on n'a plus à débourser *que* le programme et le vestiaire obligés. Mais l'idée ne leur venant pas de l'emmener avec eux, cette jeune fille, naturellement, n'a jamais eu de ces représentations que quelques remerciements à formuler, — et c'est tout.

Je ne dis pas qu'il faille offrir à de petites amies dans des positions modestes une de ces loges à l'Opéra où l'on ne peut aller que couverte de diamants. Non, mais on pourrait choisir un genre de distractions en harmonie avec leurs goûts et leur situation : ou un spectacle intéressant à des places moyennes, ou une conférence, ou un joli concert auxquels tout le monde peut aller sans frais.

Et, chez elle-même, la femme privilégiée ne peut-elle prier l'amie qu'elle sait privée d'invitations à des réunions dont l'amitié soit le prétexte et où le contact intelligent soit le seul luxe? On a vu des réceptions fort simples produire, par l'échange des idées qu'elles amenaient, par l'atmosphère de sympathie communicative qu'elles dégageaient, des résultats véritablement inattendus : aviver des esprits qui s'atrophiaient, faute de stimulant; calmer, au contraire, des imaginations qui s'exaltaient dans la solitude; parfois réchauffer des cœurs en détresse; et, en tous cas, illuminer, pour quelques jours, des existences désespérément incolores.

Et quand on n'aurait apporté qu'une distraction de quelques heures à des vies uniquement vouées à l'austère devoir, ne devrait-on pas encore s'estimer trop heureux?

Et pourtant combien, parmi ceux qui se croient charitables, mettent au nombre de leurs obligations celle d'être agréables à leurs frères déshérités?

Ils veulent bien leur être utiles, mais jugent superflu d'aller au delà.

Leur charité à eux n'est donc pas tout à fait *la Charité*, puisqu'ils ne lui veulent point d'auréole?

Et les vieilles amies que l'âge et l'absence de fortune ont reléguées dans des asiles hospitaliers pour la fin de leurs jours !

Ceux qui ont l'existence familiale et facile se répètent, pour vivre sans remords, qu'elles sont à l'abri du besoin ; songent-ils assez à l'isolement qui s'accentue pour elles chaque jour davantage à mesure que s'éloigne le temps où il leur était donné d'être entourées de leurs amis ?

Mais, d'abord, étaient-ce tous des amis, ceux avec qui les hasards de la vie les avaient fait sympathiser ? Combien maintenant en reste-t-il de fidèles ? C'est le moment de les compter, les vrais, les dévoués. On ne risquera plus de se tromper ; car elles auront un vrai mérite, les jeunes femmes qui, avec tous les raffinements de leur délicatesse, arriveront à persuader à leur ancienne institutrice que ce n'est pas par charité qu'elles vont la trouver tout au fond de Vaugirard ou de Neuilly au milieu de leurs brillantes visites du Jour de l'An.

Ils auront une âme exquise, les jeunes gens qui prélèveront sur leurs heures de distraction le temps d'aller affectueusement rendre leurs devoirs à la vieille amie de leur mère.

Et, pourtant, ils ne se douteront pas de quelle joie ils ont ensoleillé ces existences entourées uniquement d'inconnus avec lesquels il a fallu se lier malgré tout, sous peine de s'en faire des ennemis ; et aussi parce que l'être humain, qui ne peut pas vivre isolé de ses semblables, accepte, faute de mieux, ce que les circonstances lui ont apporté.

Aller la voir, la vieille fille, la veuve, dans sa maison de retraite, lui donne encore un moment l'illusion qu'elle a, comme autrefois, un « chez elle », puisqu'elle reçoit ; qu'elle est encore agréable, puisqu'on vient de loin jusqu'à elle ; en un mot, qu'elle n'est pas tout à fait la créature diminuée qu'elle se *sentait* être à force de le croire.

Cette visite, en fournissant à son esprit un

aliment nouveau, en retrempant son cœur dans un peu de sympathie, ranime pour quelque temps cette vie devenue sans intérêt parce qu'elle est désormais sans but.

Mais sans même aller jusqu'aux actes, la charité peut quelquefois être fort efficace en se manifestant simplement par la parole.

Voici, par exemple, une de ces conversations comme il s'en tient chaque jour dans les salons mondains.

Une fois réservée la part due à la politesse, et celle de l'actualité, non moins inévitable, que reste-t-il pour l'alimenter, cette conversation féminine, dans les milieux de culture moyenne ?

Si aucun courant sympathique n'y répand un fluide un peu chaud, si aucun esprit fin ou vif n'y fait jaillir d'étincelles, je crains qu'une part très large n'y reste pour la banalité....

Eh bien, cette part inutile au cœur aussi

bien qu'à l'intelligence, pourquoi ne la remplacerait-on pas par des utilités?

Qui ne sait que c'est du rapprochement des offres et des demandes que naissent les résultats ?

Quelques paroles dites à propos ont souvent suffi à procurer des leçons ou des situations.

Du bien dit d'un jeune homme ou d'une jeune fille avec chaleur et conviction a eu parfois des conséquences incalculables et l'on a vu des destinées dépendre d'un éloge fait avec à-propos.

Je ne parle pas (parce qu'alors le sujet deviendrait infini) de ces mots qui ne paraissent rien et suffisent parfois à atténuer des rancunes, à transformer des opinions, à opérer des rapprochements. Répéter à une personne le bien qu'une autre a dit d'elle peut quelquefois ramener l'un à l'autre des ennemis jusque là irréconciliables.

Oui, cette charité de la parole est encore

une de celles qui sont à la portée de tous puisqu'elle s'offre à nous journellement, constamment, sans nous demander ni effort, ni temps, ni sacrifice; et qu'ainsi, d'une semence imperceptible peut sortir une moisson merveilleuse [1].

S'il est indiscutable que l'union des efforts par les œuvres produit des résultats admirables, il est aussi réel qu'auprès de chacun de nous individuellement, la charité nous sollicite à chaque instant et sous les formes les plus variées. Et si nous ne la reconnaissons pas toujours, c'est qu'elle ne se présente pas toujours à nous sous la forme qui nous plaît : j'allais dire « qui nous flatte ». C'est un peu cruel, peut-être, mais je crois que c'est vrai.

[1] S'il est bon de savoir parler à propos, il l'est quelquefois autant de savoir se taire.

Et parfois aussi, il est infiniment charitable de savoir écouter.

Pensons donc combien il doit être dur de n'avoir personne à qui confier ses soucis, ses anxiétés, ses désespoirs; et à ceux qui sont dépourvus d'entourage affectueux, sachons prêter une oreille sympathiquement attentive.

Et, alors, que reste-t-il à espérer si même en fait de charité, c'est encore nous que nous aimons?

La charité ne consiste pas à offrir ce que l'on préfère donner, mais à offrir ce qu'il est préférable de donner.

Un ami vient vous demander votre recommandation pour telle personne influente qu'il sait être parmi vos relations. « Certainement, vous aimeriez à lui rendre ce service; vous feriez tout pour lui! Vous lui donneriez volontiers vos conseils, votre temps, vos peines, vos fatigues, tout ce que vous possédez », tout!!... — sauf la petite apostille qu'il vous demande. Parce que, voilà! vous aimez bien à donner, mais cela ce serait demander, et vous, vous n'aimez pas à demander — semblable en cela à beaucoup d'autres.... Et c'est justement là que commencerait le mérite.

La serviabilité est une des plus jolies manifestations de la charité, et la plus pratique certainement, puisqu'elle peut être exercée par tous et envers tous.

Mais avant même de faire du bien à ceux que l'on aime, ne faudrait-il pas d'abord éviter de les blesser, de les contrister, en un mot de leur faire un mal quelconque ? Cela semblerait de la logique du cœur la plus élémentaire, et pourtant !...

Combien qui, dans un zèle immodéré de charité faite à des inconnus, oublient tout ce qui n'est pas leur but au point de peiner, de meurtrir même, sans s'en apercevoir, les cœurs aimants qui les entourent !

Ne devraient-ils pas faire passer avant tout les amis dans la peine, qui croyaient trouver en eux leur consolation ? Ceux qui sont malades, physiquement ou moralement, et pensaient s'appuyer sur eux ? Ceux qui ont besoin de leurs conseils, de leur approbation, de leur influence ? Tous ceux enfin dont la faiblesse devient une force vis-à-vis de l'affection ?

Et encore, ces amis déshérités, si ce sont des vaincus de l'existence, on n'a pas fait pour eux tout ce qu'on pouvait faire quand on leur a donné le nécessaire, un peu de superflu, son temps et ses démarches : on ne doit pas encore, se croyant la conscience déchargée, recommencer à vivre sa vie facile en paix, en joie et en sécurité, tant qu'on n'a pas exercé envers eux la suprême charité qui les relèverait peut-être en moins de temps que tous les secours accordés jusque là.

Si l'on ne craignait pas tant de les voir mêlés à sa vie, ce serait, mettant de côté tout humain préjugé et les avouant ses amis à la face du monde, de les faire ainsi bénéficier de l'influence morale que possède une situation indiscutée ; puis, les entraînant dans son orbite, de leur communiquer un peu de son reflet, de faire rejaillir sur eux un peu de son prestige.

Et ce serait là une belle et grande œuvre

qui atteindrait le sommet de la plus délicate générosité.

Oui, il faudrait faire le bien autour de soi avant d'aller le répandre au loin ; le faire à mesure qu'il se présente et sous quelque forme qu'il se présente.

Et quand même il serait tout à fait méconnaissable à des yeux étrangers, en quoi cela importerait-il, du moment que ce serait Lui?

La plus belle de toutes les charités et celle à laquelle il est le moins pensé : c'est la charité du cœur.

Nous avons tous éprouvé qu'un don tire tout son prix de la douceur du regard et du sourire qui l'accompagnent.

Parmi ceux qui reçoivent de nous un soulagement matériel, combien le donneraient cent fois pour une parcelle d'affection !

Combien qui ont froid au cœur, qu'ils soient pauvres ou riches !

Combien d'enfants sans mère, de vieillards sans enfants, de femmes délaissées qui souffrent d'une misère bien plus grande que le manque de fortune : le manque d'aliment à leurs réserves de tendresse !

Et tous ceux-là qui nous entourent et nous envient peut-être les joies qu'ils nous devinent, ce ne sont pas les miettes de notre table qui les rassasieront ; ce n'est pas même notre festin : une seule chose comblera le vide qui est en eux. Et cette chose qu'il faut que nous leur donnions : c'est un peu de nous-mêmes.

Solliciteurs et sollicités.

Solliciteurs et sollicités.

Vous tous qui avez l'avenir assuré et le présent équilibré, soit par votre profession, soit par votre patrimoine, songez-vous avec assez de reconnaissance à la sécurité dont la fortune vous a doués ?

Y songez-vous comme à un privilège dont vous devez rendre compte à la souveraine justice; comme à un bonheur qui vous permet de faire d'autres heureux et non comme à une supériorité ? Car rien de ce qui est en dehors de nous ne peut nous élever au-dessus des autres.

Et si vous avez reconnu que ceux qui vous demandent de les aider sont absolument vos égaux, pensez-vous alors à les traiter comme tels ?

Que de fois n'entend-on pas dire autour de soi, pendant l'année scolaire :

« Mlle une telle cherche une position d'institutrice. Elle a perdu ses élèves de l'année dernière, et elle a sa mère à sa charge. »

Ou bien :

« Une dame complètement ruinée reste avec trois fils à élever. Elle est sans aucune préparation spéciale, et, dans un dénûment absolu, elle accepterait n'importe quelle situation ! lectrice, dame de compagnie.... Naturellement, ce qu'elle préférerait, ce serait du travail chez elle : adresses à mettre, manuscrits à copier, etc. »

Ce dernier cas est le plus malheureux et le plus fréquent : *point de préparation spéciale !*

De ces situations hybrides, sur lesquelles alors on est obligé de se rejeter, d'abord il n'en existe presque plus; car c'est un très grand luxe de s'offrir une dame de compagnie ou une lectrice *bien rétribuée.* D'autre part, si l'on ne mène pas soi-même ses filles à leurs cours, on les y fait conduire par l'institutrice qui s'occupe de leur travail. Et enfin, il faut être américaine pour se faire accompagner dans les musées ou les magasins de Paris toutes les après-midi.

Donc, non seulement ces ressources deviennent de plus en plus rares, mais en revanche les amateurs en deviennent de plus en plus nombreux; car c'est journellement qu'ont lieu, dans notre monde, des revirements inattendus de fortune et des écroulements de situation laissant, auprès d'un mari sans position, une femme sans armes aucunes dans la lutte pour la vie.

Et c'est encore un bonheur quand le faisceau de la famille reste bien lié, bien compact. L'union lui donne au moins une grande force de résistance et un bonheur moral qui détend, à certaines heures, les nerfs trop éprouvés par le combat physique.

Mais quand c'est dans le cœur que le fruit est atteint ! quand le ménage lui-même est désagrégé ! quand l'abandon ou le divorce, facilitant toutes les inconduites, ont laissé seule sur la brèche la femme de devoir avec des tâches souvent écrasantes ! c'est alors que la souffrance devient vraiment poignante ! Mais alors, aussi, que la vertu parfois s'élève jusqu'au sublime !

A ces admirables mères, vous donnez sans compter toute votre admiration.

Eh bien, si, le lendemain, ces héroïques femmes, de nouveau sans travail, vous sont adressées pour vous en demander ! Serez-vous assez oublieux pour ne pas vous souvenir que, la veille, vous les qualifiiez de saintes ? Bientôt, vous leur rendrez peut-être le même culte ; et parce qu'elles attendent de vous un service, aurez-vous l'indigne courage de les traiter en importunes ?

Oserez-vous être de ceux qui excellent à mettre une barrière entre eux et le solliciteur ; qui, même en paraissant observer l'élémentaire politesse, savent, par leur froideur, jeter sur ses épaules un manteau de glace ; étreindre encore son cœur endolori, et, d'une parole, lui faire sentir que son sort est entre leurs mains ?

Ne sentez-vous pas au contraire, combien un mot, un accent, une inflexion simplement sympathiques peuvent adoucir une démarche déjà pénible par elle-même, mais rendue suppliciante par la raideur de l'accueil ?

Quelque peu d'espoir que vous ayez à donner, et j'allais dire, *surtout* si vous avez peu d'espoir, soyez plus que poli, soyez compatissant ; soyez même aimablement encourageant ; cela coûte si peu, et cela fait tant de bien !

Mais ne confondez pas l'affable amabilité qui part d'un fonds de bonté vraie, avec l'eau bénite de cour que jettent à pleines mains les simulateurs de charité et de philanthropie, désireux de se débarrasser du solliciteur troublant leur quiétude.

Tandis que ces derniers font une œuvre

mauvaise en semant l'espérance qui avortera en déception, eux, les vrais bons, ne promettent pas plus qu'ils ne tiendront : ils tiendront peut-être plus qu'ils n'ont promis. Mais en attendant ils auront donné à celui qui, devant eux, se sentait amoindri, l'impression qu'une âme compréhensive s'ouvrait au récit de leurs infortunes et qu'un cœur les partageait, effaçant ainsi les distances créées par les préjugés sociaux. — Et rien que cela serait déjà une belle œuvre.

Puis, tout fait espérer que leur bonne volonté ne restera pas à l'état de germe, mais qu'elle éclora et qu'elle fructifiera : seulement au prix de quelles peines ! jamais nul ne le saura.

Du début au couronnement d'une œuvre entreprise, quelle suite d'efforts et de mérites si l'on veut sérieusement faire toutes les démarches, écrire toutes les lettres qu'elles entraînent et la mener *jusqu'au bout* sans s'en distraire; sans se lasser des inconvénients, des entraves, des prolongations inattendues; sans se laisser vaincre par aucun découragement.

Faire *aussitôt* qu'on y pense une visite pouvant avoir de l'influence; ne pas retarder, *fût-ce d'un courrier*, un billet qui avancerait d'un pas l'affaire, tout cela est d'un mérite qui dépasse l'éloge, parce que tout cela est fait de mille sacrifices imperceptibles, dont les intéressés ne se douteront que vaguement si la chose réussit et ne se douteront jamais si elle ne réussit pas.

Cela, c'est l'Action; et l'Action, inspirée par la Bonté, est grande et belle. Mais elle renferme des contingences tout à fait étrangères à nous, qui se mêlent aux effets de notre volonté et soustraient les événements à notre domination absolue. Tandis que les intentions, les sentiments émanant de notre âme sont notre bien imprescriptible; ils nous demeurent personnels malgré tout; rien ne saurait les atteindre et ils planent bien au-dessus de l'action qui en découle.

De sorte qu'à ceux de qui les efforts sont restés vains, mais qui ont versé sur la souffrance le baume exquis de leur sympathie, il reste la suprême joie d'avoir fait, malgré tout, le don le meilleur qu'ils aient pu faire : celui de leur cœur passant par leurs lèvres.

Table des Matières.

NEUCHATEL
IMP. DELACHAUX & NIESTLÉ

www.ingramcontent.com/pod-product-compliance
Ingram Content Group UK Ltd.
Pitfield, Milton Keynes, MK11 3LW, UK
UKHW021107220726
13924UKWH00004B/1556

9 782019 930226